D0906101

JUGUEMOS

El fútbol americano

Karen Durrie

This AV² media enhanced book gives you a fully bilingual experience between English and Spanish to learn the vocabulary of both languages.

English

Spanish

Go to **www.av2books.com**, and enter this book's unique code.

BOOK CODE

N 134597

AV² by Weigl brings you media enhanced books that support active learning.

AV² Bilingual Navigation

X CLOSE

HOME

CHANGE LANGUAGE
ENGLISH SPANISH
LANGUAGE TOGGLE

BACK NEXT
PAGE TURNING

Ganamos el partido. Nos sentimos cansados y felices. Me encanta el hockey.

20

21

EBOOK

CHANGE LANGUAGE
ENGLISH SPANISH

BACK NEXT

PAGE PREVIEW

2

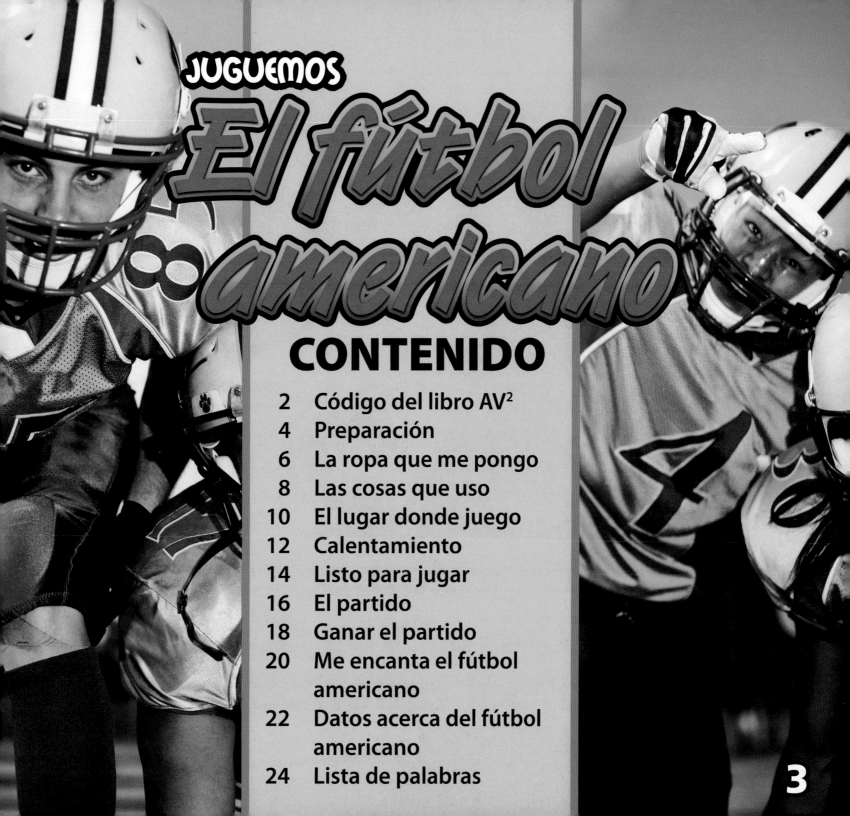

JUGUEMOS

El fútbol americano

CONTENIDO

Me encanta el fútbol americano. Hoy voy a jugar al fútbol americano.

4

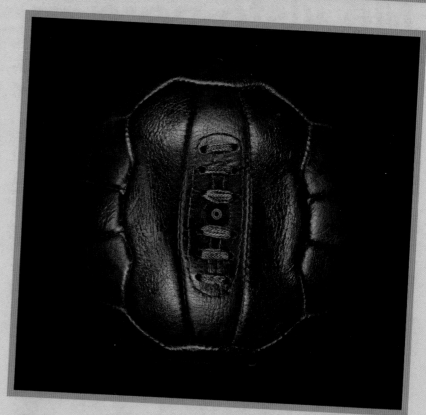

Como un PROFESIONAL

Al principio, el fútbol americano se jugaba con una pelota de fútbol.

5

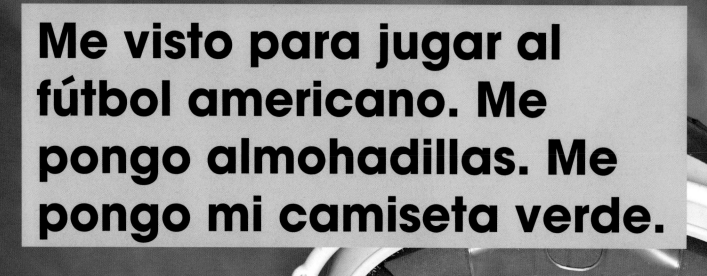

Me visto para jugar al fútbol americano. Me pongo almohadillas. Me pongo mi camiseta verde.

Como un PROFESIONAL

Me pongo protectores y un casco para no lastimarme.

Tengo una pelota de fútbol americano. Es de color marrón y tiene forma de huevo. Tiene cordones.

Como un PROFESIONAL

Los cordones me ayudan a sujetar la pelota. Necesito sujetarla bien para lanzarla.

Voy al campo de juego. Me encuentro con mis amigos. Somos un equipo.

Como un PROFESIONAL

Los campos de juego para el fútbol americano son tan largos como una ballena azul.

Corro con mi equipo. Antes del partido juego con la pelota con mi equipo.

Como un PROFESIONAL

Caliento mis músculos antes de jugar el partido.

Formamos un corro con mi equipo. Formulamos un plan para el partido.

Como un PROFESIONAL

Los jugadores tienen diferentes roles en el campo de juego.

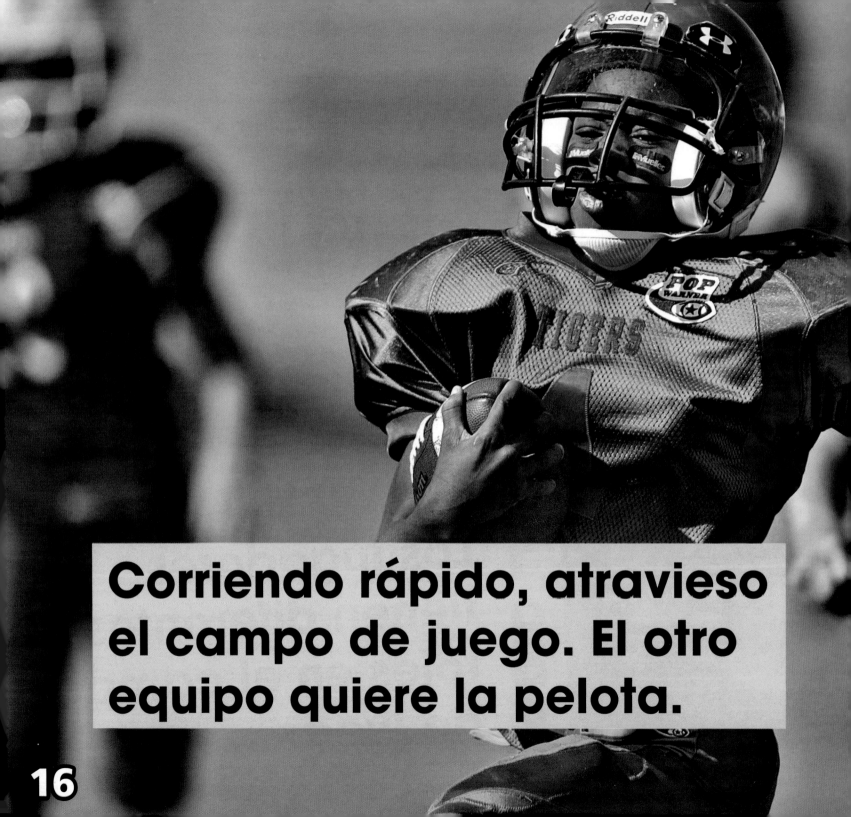

Corriendo rápido, atravieso el campo de juego. El otro equipo quiere la pelota.

Como un PROFESIONAL

El otro equipo nos ataja y bloquea la pelota.

Llevo la pelota al extremo del campo de juego. Anoto un "touchdown".

Como un PROFESIONAL

Algunos jugadores saltan de alegría después de anotar un "touchdown".

Me encanta el fútbol americano.

DATOS ACERCA DEL FÚTBOL AMERICANO

Esta página proporciona más detalles acerca de los datos interesantes que se encuentran en este libro. Basta con mirar el número de la página correspondiente que coincida con el dato.

Páginas 4-5

El fútbol americano tiene más de 100 años. Se originó en Inglaterra derivado del rugby. A mediados del siglo XIX el rugby se jugaba en las universidades estadounidenses, donde se hicieron cambios significativos. Usaban una pelota en forma de huevo y contaban los puntos de manera diferente. A este deporte nuevo le llamaron fútbol americano.

Páginas 6-7

El fútbol americano es un deporte de contacto. Puede ser brusco, así que se usan accesorios de protección, como almohadillas para proteger las costillas, los brazos, los hombros y las piernas, cascos con una careta por delante y un protector bucal. También usan tacos.

Páginas 8-9

Lanzar una pelota de fútbol toma mucha práctica. A los jugadores les enseñan cómo sujetarla correctamente y cómo lanzar un buen pase, incluso en forma de espiral, que es cuando la pelota gira sobre sí misma mientras vuela por el aire.

Páginas 10-11

Las canchas de fútbol tienen rayas blancas para marcar sus límites y la distancia que corren los jugadores. Un equipo debe avanzar la pelota hacia la zona final de la cancha a fin de tener más oportunidades de anotar un touchdown.

Páginas 12–13

Los músculos fríos son rígidos, y torcerlos y girarlos repentinamente puede causar lesiones. Calentar y estirar los músculos antes de jugar puede reducir el riesgo de una lesión. Los músculos calientes también producen más energía con más rapidez. Esto ayuda al jugador a correr más rápido y funcionar con mayor precisión y destreza.

Páginas 14–15

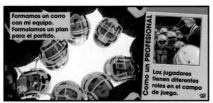

El corro es un círculo estrecho que forman los jugadores del equipo en la cancha antes del juego. El lanzador debe "cantar" las jugadas en el corro y asegurarse que todos sus compañeros entienden la jugada.

Páginas 16–17

Los niños empiezan en las ligas de fútbol de tacleo a los 5 años. Aprenden que nunca deben avanzar con la cabeza cuando taclean, y la manera correcta de bloquear y taclear. En el fútbol de banderas no se permiten tacleos. Los jugadores llevan cinturones con banderas sujetas con velcro. Quitarle la bandera a un jugador es lo mismo que taclearlo en el fútbol de contacto.

Páginas 18–19

El objetivo principal del fútbol americano es anotar touchdowns. Se anota un touchdown cuando un jugador cruza la zona de anotación con la pelota. Otra manera de anotar puntos es patear un gol de campo a través de los postes.

Páginas 20–21

Cuando se gana un partido de fútbol americano, es el equipo el que gana y no sólo los jugadores que anotaron touchdowns o patearon goles de campo. Vitorear a tu equipo y también vitorear y darle un apretón de manos al otro equipo es parte del buen espíritu deportivo.

Ganamos el partido. Nos sentimos cansados y felices. Me encanta el hockey.

Check out av2books.com for your interactive English and Spanish ebook!

1 Go to av2books.com

2 Enter book code   N 1 3 4 5 9 7

3 Fuel your imagination online!

www.av2books.com

Published by AV² by Weigl
350 5ᵗʰ Avenue, 59ᵗʰ Floor New York, NY 10118
Website: www.av2books.com   www.weigl.com

Durrie, Karen.
 [Football. Spanish]
 El fútbol Americano / Karen Durrie.
    p. cm. -- (Juguemos)
 ISBN 978-1-61913-200-9 (hardcover : alk. paper)
 1. Football--Juvenile literature. I. Title.
 GV950.7.D8718 2012
 796.332--dc23

                    2012019003

Printed in the United States of America in North Mankato, Minnesota
1 2 3 4 5 6 7 8 9 0 16 15 14 13 12

012012
WEP170112

Senior Editor: Heather Kissock
Art Director: Terry Paulhus

Weigl acknowledges Getty Images as the primary image supplier for this title.